ISO 42001

Importância da Gestão da Inteligência Artificial

Hélio Watanabe

São Paulo
2024

ISO 42001
Importância da Gestão da Inteligência Artificial
1 a. Edição - Abril de 2024
ISBN 978-65-00-98721-8

Publicado originalmente em abril de 2024 (versão física brochura)

Dados Internacionais de Catalogação na Publicação (CIP)
(Câmara Brasileira do Livro, SP, Brasil)

Watanabe, Hélio
ISO 42001 : importância da gestão de inteligência artificial / Hélio Watanabe. -- 1. ed. -- São Paulo : Ed. do Autor, 2024.

ISBN 978-65-00-98721-8

1. Inteligência artificial 2. Inteligência artificial - Inovações tecnológicas I. Título.

24-200383 CDD-658.0563

Índices para catálogo sistemático:

1. Inteligência artificial : Organizações : Administração 658.0563

Tábata Alves da Silva - Bibliotecária - CRB-8/9253

Biografia do Autor:

Explore a fascinante jornada de Hélio Watanabe, um engenheiro brasileiro, cuja paixão e perícia em tecnologia, gestão e inovação o levaram a uma carreira global de destaque.

Nascido em São Paulo e formado em Engenharia Eletrônica pela Escola de Engenharia Mauá, Watanabe desenvolveu uma carreira internacional, trabalhando em empresas na Bélgica, Finlândia e China.

Especializado em Gestão Empresarial, Marketing, Coaching, Compliance e Segurança Cibernética, Watanabe não é apenas um líder, mas também um profissional altamente qualificado, detentor de uma série de certificações de
prestígio:

· Certificações pela ITCERTS, incluindo CISCO (Chief Information Security Compliance officer), CISO (Chief Information Security Officer), CISM (Chief Information Security Manager), ISO27001:2022 Lead Implementer, DPO, ISO31000 Risk Management Foundation, ISO/IEC 37301 Compliance Management Foundation, ISO/IEC 38500 IT Governance Foundation, GRC Governance Risk and Compliance, NIST Implementer Professional, NIST Framework Foundation, NIST Privacy Framework Foundation, CSIRT Foundation (Computer Security Incident Response Team) e Gestor de Privacidade.

· Certificações pela KPMG Business School, Ambipar/VG, ANBIMA, FGV, Exemplar Global, CertiProf e QACADEMY, incluindo Compliance, Master ESG, ESG no Mercado Financeiro, Coaching e Mentoring, ISO/IEC27001:2013 Auditor Interno, ISO22301:2019 Auditor Interno, Lead Auditor ISO27001 e ISO27701, Auditor Interno SGI (ISO9001:2015/ISO14001:2015/ISO45001:2018), ISO37001:2016 Auditor Interno e ISO56002:2019 Auditor Interno.

· Certificado pela Board Academy nos Programas de Formação: Board Starter, ESG Starter, AI On Board e Lean Governance.

Sua habilidade única de gerenciar projetos complexos, juntamente com uma visão estratégica em Tecnologia, Marketing, Compliance e Planejamento, solidificou sua posição como um líder consistente.

Esta biografia oferece um vislumbre de suas conquistas e do impacto que ele teve em diversas empresas de renome, transformando desafios em oportunidades e inovando em cada passo do caminho.

Atualmente atua como Conselheiro Consultivo e Advisor em Cibersegurança em Startups, Fintechs e algumas Empresas Familiares.

Agradecimentos

Ao longo desta jornada, quero expressar minha profunda gratidão a três pessoas que moldaram o meu caminho de maneiras diferentes, mas igualmente significativas. Aos meus queridos pais, agradeço por terem me ensinado os valores da perseverança, amor e determinação. Suas lembranças continuam a me inspirar a cada dia. À minha amada esposa Giani Veríssimo Watanabe, cujo apoio inabalável e amor incondicional têm sido o alicerce sólido em que construímos nossa vida juntos. Você é minha rocha, meu conforto e minha maior fonte de alegria. Obrigado por estar ao meu lado nesta jornada. Este livro é dedicado a eles, como uma expressão do meu amor e gratidão eternos.

Do Autor: Hélio Watanabe

Capítulo1: Introdução à Inteligência Artificial e a ISO 42001

O que é Inteligência Artificial?

A inteligência artificial (IA) é um campo da ciência da computação dedicado a criar sistemas capazes de realizar tarefas que, até então, exigiam intervenção humana para serem executadas.

Essas tarefas incluem aprendizado, raciocínio, percepção, compreensão de linguagem natural e até mesmo a capacidade de mover e manipular objetos.

A IA pode ser categorizada em dois tipos principais: a IA fraca ou estreita, focada em realizar uma tarefa específica com eficiência; e a IA forte ou geral, que possui capacidades cognitivas comparáveis às humanas em uma ampla gama de atividades.

Os avanços na área são impulsionados por algoritmos sofisticados conhecidos como aprendizado de máquina (machine learning), onde as máquinas "aprendem" a partir de grandes volumes de dados.

O aprendizado profundo (deep learning), um subcampo do machine learning baseado em redes neurais artificiais, tem sido particularmente revolucionário ao permitir avanços significativos no reconhecimento de voz e imagem.

Um exemplo emblemático da aplicação prática da IA é o sistema de recomendação utilizado por plataformas como Netflix e Spotify.

Esses sistemas analisam o comportamento do usuário para sugerir filmes, séries ou músicas que possam ser do seu interesse.

Outro exemplo é o uso de assistentes virtuais como Siri e Alexa, que utilizam processamento de linguagem natural para entender e responder a perguntas feitas pelos usuários.

A importância da IA no século XXI

No século XXI, a inteligência artificial tornou-se uma força motriz por trás das transformações em diversos setores da sociedade.

Sua importância pode ser observada tanto na otimização dos processos industriais quanto na personalização das experiências dos consumidores.

Além disso, a IA está desempenhando um papel crucial na resolução de problemas complexos relacionados à saúde pública, mudanças climáticas e desenvolvimento sustentável.

Na área da saúde, por exemplo, algoritmos de IA estão sendo usados para diagnosticar doenças com precisão comparável ou superior à dos médicos especialistas.

Empresas farmacêuticas estão utilizando esses algoritmos para acelerar o processo de descoberta e desenvolvimento de novos medicamentos.

No setor financeiro, os sistemas baseados em IA estão transformando as operações bancárias através do uso de chatbots para atendimento ao cliente e algoritmos para detecção precoce de fraudes financeiras.

Na agricultura, tecnologias inteligentes permitem monitoramento preciso das lavouras e gestão eficiente dos recursos naturais.

Entendendo a norma ISO 42001

A norma ISO 42001 representa um marco importante na regulamentação global da implementação responsável da inteligência artificial nas organizações.

Ela oferece diretrizes claras sobre como as empresas devem gerenciar seus sistemas baseados em IA para garantir ética operacional e conformidade legal.

Essa norma internacional aborda questões críticas como privacidade dos dados pessoais coletados pelos sistemas inteligentes; viés algorítmico que pode levar à discriminação injusta; transparência nas decisões automatizadas; segurança cibernética; além do impacto sócio-econômico mais amplo dessas tecnologias.

Um aspecto fundamental da ISO 42001 é sua ênfase na necessidade das organizações promoverem uma cultura corporativa que equilibre habilidades humanas com capacidades técnicas avançadas.

Isso envolve não apenas treinamento técnico especializado mas também desenvolvimento contínuo das competências interpessoais dos colaboradores.

Empresas líderes no mercado já começaram a adotar essa norma como parte integrante das suas estratégias corporativas.

Por exemplo, gigantes tecnológicos têm criado departamentos dedicados exclusivamente à ética em IA para garantir que seus produtos estejam alinhados com os princípios estabelecidos pela ISO 42001.

Em suma, enquanto ferramenta estratégica globalmente reconhecida para governança responsável da inteligência artificial nas organizações modernas, a ISO 42001 serve não apenas como um guia prático mas também como um padrão ético pelo qual todas as iniciativas futuras serão julgadas neste campo dinâmico e cada vez mais influente.

Capítulo 2: Implicações Éticas, Legais e Operacionais da IA

Aspectos éticos da IA

A inteligência artificial (IA) tem o potencial de revolucionar inúmeros aspectos da sociedade, mas seu desenvolvimento e aplicação não estão isentos de dilemas éticos.

Um dos principais desafios é garantir que as tecnologias de IA sejam projetadas e utilizadas de maneira que respeitem os direitos humanos fundamentais e promovam o bem-estar coletivo.

A questão do viés algorítmico é um exemplo crítico: sistemas de IA podem perpetuar ou até amplificar preconceitos existentes na sociedade se os dados utilizados para treiná-los forem tendenciosos.

Isso pode resultar em discriminação injusta em áreas como contratação de funcionários, concessão de crédito e aplicação da lei.

Outro aspecto ético relevante é a transparência das decisões tomadas por sistemas autônomos.

À medida que a IA assume papéis mais significativos em decisões críticas, torna-se imperativo que os processos decisórios sejam compreensíveis para os seres humanos.

Isso envolve não apenas a capacidade de explicar como uma conclusão foi alcançada, mas também garantir que haja mecanismos para contestar e corrigir decisões errôneas.

Além disso, a privacidade dos dados surge como uma preocupação ética primordial no contexto da IA.

Com a crescente capacidade analítica desses sistemas, há um risco aumentado de invasão à privacidade individual e uso indevido das informações pessoais.

As empresas devem implementar práticas rigorosas de governança de dados para se proteger contra vazamentos e abusos.

A autonomia das máquinas também levanta questões sobre responsabilidade moral e legal: quem é responsável pelos atos realizados por uma IA?

Esta pergunta torna-se ainda mais complexa quando consideramos sistemas avançados capazes de aprender e evoluir independentemente.

Considerações legais sobre a IA

No campo legal, a regulamentação da inteligência artificial está emergindo como um campo vital para legisladores ao redor do mundo.

A criação de leis específicas para IA visa estabelecer limites claros para o desenvolvimento e uso dessas tecnologias, assegurando que elas sirvam ao interesse público sem comprometer direitos individuais ou coletivos.

Um dos principais desafios legais é definir o escopo da responsabilidade civil no caso de danos causados por sistemas autônomos.

Isso pode incluir danos materiais ou imateriais decorrentes do uso inadequado ou falhas na IA.

A legislação precisa determinar quem deve ser responsabilizado: o fabricante do software/hardware, o operador do sistema ou até mesmo o próprio sistema?

Outra consideração legal importante diz respeito à propriedade intelectual gerada por IAs.

Quem detém os direitos sobre obras criativas ou invenções produzidas por máquinas?

Além disso, há questões relacionadas à proteção dos dados pessoais manipulados pela IA, especialmente com relação ao Regulamento Geral sobre a Proteção de Dados (GDPR) na União Europeia e outras legislações similares pelo mundo, como a LGPD no Brasil por exemplo.

Implicações operacionais da IA

Do ponto de vista operacional, integrar inteligência artificial nos processos empresariais exige uma reavaliação profunda das estruturas organizacionais existentes.

As empresas precisam adaptar suas operações para aproveitar as vantagens oferecidas pela automação inteligente enquanto gerenciam os riscos associados.

Uma implicação operacional chave é a necessidade de treinamento especializado para funcionários trabalharem efetivamente com soluções baseadas em IA.

Isso não só envolve habilidades técnicas relacionadas à programação e manutenção desses sistemas, mas também competências interpessoais para colaborar com colegas humanos e digitais.

Além disso, as organizações devem estar preparadas para mudanças disruptivas nos modelos tradicionais de negócios provocadas pela adoção da IA.

Por exemplo, indústrias baseadas em serviços podem experimentar transformações significativas na forma como interagem com clientes através do uso crescente de chatbots avançados e assistentes virtuais personalizados.

A segurança cibernética também se torna uma preocupação operacional ampliada com a introdução da IA nas redes corporativas.

Sistemas inteligentes são tanto um ativo quanto um possível vetor para ataques cibernéticos sofisticados; portanto, medidas robustas devem ser implementadas para proteger infraestruturas críticas.

Finalmente, as implicações operacionais incluem considerações sobre escalabilidade dos sistemas AI-driven: como eles podem ser expandidos ou ajustados conforme necessário, bem como sua integração harmoniosa com outros componentes tecnológicos dentro da empresa.

Capítulo 3: Adotando a IA de Maneira Sustentável e Responsável

Estratégias para Adoção Responsável da IA

A adoção responsável da inteligência artificial (IA) é um processo que exige uma abordagem estratégica e cuidadosa, visando garantir que as tecnologias sejam utilizadas de forma ética, transparente e que tragam benefícios reais para a sociedade.

Para isso, é fundamental estabelecer diretrizes claras que orientem as organizações na implementação de sistemas de IA.

Uma das primeiras etapas nesse processo envolve a compreensão profunda dos princípios éticos relacionados à IA.

Isso inclui o respeito pela privacidade individual, a garantia de justiça e equidade nas decisões automatizadas e a prevenção de vieses discriminatórios nos algoritmos.

As empresas devem se comprometer com a transparência em suas operações com IA, permitindo que os usuários entendam como seus dados são processados e como as decisões são tomadas.

Outro aspecto crucial é o desenvolvimento de uma governança robusta para sistemas de IA.

Isso implica na criação de comitês ou conselhos multidisciplinares que possam avaliar os impactos éticos das aplicações de IA antes de sua implementação.

Esses órgãos devem ter representantes não apenas da área técnica, mas também especialistas em ética, direito e outras áreas relevantes.

Além disso, é essencial promover uma cultura organizacional que valorize o aprendizado contínuo e a adaptação às novas tecnologias.

Isso pode ser alcançado por meio do investimento em treinamento especializado para os colaboradores, incentivando-os a desenvolver habilidades digitais e compreender os fundamentos da IA.

Um exemplo prático dessa estratégia pode ser observado em empresas do setor financeiro que adotaram assistentes virtuais baseados em IA para melhorar o atendimento ao cliente.

Ao mesmo tempo em que essas ferramentas oferecem conveniência aos usuários, as instituições financeiras têm o desafio de garantir a segurança dos dados pessoais e explicar claramente como as informações são utilizadas pelos algoritmos.

A Sustentabilidade na Implementação da IA

A sustentabilidade na implementação da inteligência artificial vai além do aspecto ambiental; ela engloba também a viabilidade econômica e social das soluções propostas.

Uma abordagem sustentável considera o ciclo completo de vida dos sistemas de IA, desde seu design até sua eventual desativação ou substituição.

No contexto ambiental, é importante avaliar o consumo energético dos data centers onde os modelos de IA são treinados e executados.

Empresas líderes no campo tecnológico estão investindo cada vez mais em fontes renováveis de energia para alimentar suas infraestruturas computacionais, reduzindo assim sua pegada carbônica.

Do ponto de vista econômico, uma implementação sustentável requer que as soluções baseadas em IA sejam escaláveis e capazes de gerar retorno sobre o investimento ao longo do tempo.

Isso significa escolher plataformas flexíveis que possam ser adaptadas às mudanças nas demandas do mercado sem exigir reinvestimentos significativos.

Socialmente falando, a sustentabilidade implica garantir que os benefícios trazidos pela IA sejam distribuídos equitativamente entre diferentes grupos sociais.

Por exemplo, projetos agrícolas utilizando drones equipados com sensores inteligentes podem ajudar pequenos agricultores a aumentar sua produtividade enquanto preservam recursos naturais valiosos.

Responsabilidade Social na Gestão de IA

A responsabilidade social na gestão da inteligência artificial está intrinsecamente ligada à ideia de criar um impacto positivo na sociedade por meio do uso consciente dessa tecnologia.

As organizações devem reconhecer seu papel não apenas como usuárias da IA mas também como agentes capazes de moldar seu desenvolvimento futuro.

Isso envolve tomar medidas proativas para evitar danos potenciais associados à automação excessiva ou mal planejada: como perda massiva de empregos ou ampliação das disparidades sócio-econômicas: através do investimento em programas educacionais ou iniciativas voltadas para requalificação profissional.

Além disso, há um crescente movimento global defendendo maior inclusão no campo da inteligência artificial.

Iniciativas como hackathons focados em problemas sociais ou parcerias entre universidades e comunidades carentes buscam democratizar o acesso às ferramentas e conhecimentos relacionados à IA.

Um caso emblemático dessa tendência é o uso da análise preditiva baseada em dados para identificar regiões vulneráveis às mudanças climáticas ou surtos epidêmicos.

Ao aplicar modelos avançados nessas áreas críticas, organizações podem antecipar crises humanitárias e mobilizar recursos mais eficientemente, demonstrando assim um compromisso genuíno com responsabilidade social corporativa.

Capítulo 4: Superando Desafios Comuns na Implementação de IA

Questões de Privacidade de Dados

A privacidade de dados é uma preocupação crescente na era da informação, especialmente com a implementação cada vez mais abrangente da inteligência artificial (IA).

A coleta e análise de grandes volumes de dados são fundamentais para o funcionamento eficaz dos sistemas de IA, mas isso levanta questões significativas sobre a proteção e o uso ético dessas informações.

As organizações devem navegar em um terreno complexo, equilibrando a inovação tecnológica com as expectativas e direitos dos indivíduos à privacidade.

Um dos principais desafios é garantir que os dados pessoais sejam coletados com consentimento claro e informado.

Isso envolve não apenas a transparência sobre como os dados serão usados, mas também oferecer aos usuários controle real sobre suas informações.

Além disso, as empresas devem estar atentas às regulamentações globais, como o Regulamento Geral sobre a Proteção de Dados (GDPR) da União Europeia, que impõe regras estritas sobre o processamento de dados pessoais, além da LGPD no Brasil, por exemplo.

Outro aspecto crítico é a segurança dos dados. Com o aumento das capacidades analíticas da IA, torna-se imperativo implementar medidas robustas para proteger contra violações e acessos não autorizados.

Isso inclui criptografia avançada, autenticação multifatorial e monitoramento constante para detectar ameaças potenciais.

Além disso, há uma necessidade crescente de desenvolver políticas claras para lidar com os dados ao longo do seu ciclo de vida.

Isso significa estabelecer procedimentos para armazenamento seguro, transferência segura e eliminação adequada quando os dados não são mais necessários ou quando um indivíduo exerce seu direito ao esquecimento.

Viés Algorítmico

O viés algorítmico ocorre quando um sistema baseado em IA apresenta resultados tendenciosos ou discriminatórios.

Esse viés pode ser resultado tanto da qualidade dos conjuntos de dados utilizados no treinamento quanto das premissas embutidas nos próprios algoritmos.

O impacto do viés algorítmico pode ser profundo, afetando desde decisões judiciais até contratações profissionais e diagnósticos médicos.

Para combater esse problema, é essencial adotar uma abordagem multifacetada que comece pela seleção cuidadosa e diversificação dos conjuntos de dados.

É importante garantir que os dados reflitam adequadamente a população servida pelo sistema e que haja representatividade suficiente para evitar distorções.

Além disso, deve-se promover uma cultura organizacional que valorize a inclusão e diversidade também nas equipes responsáveis pelo desenvolvimento da IA.

Equipes diversas são mais propensas a identificar potenciais vieses em estágios iniciais do desenvolvimento do sistema.

A auditoria regular dos sistemas por partes independentes também é crucial para identificar e corrigir vieses ocultos antes que eles causem danos significativos.

Essa prática deve ser acompanhada por um compromisso contínuo com a educação e treinamento em ética da IA para todos os envolvidos no processo.

Transparência nas Decisões Automatizadas

A transparência nas decisões automatizadas é fundamental para construir confiança entre usuários e stakeholders na aplicação da IA.

Quando sistemas baseados em IA tomam decisões importantes: seja na aprovação de crédito ou na triagem de pacientes em hospitais, é vital que existam mecanismos claros para explicar como essas decisões foram alcançadas.

Uma estratégia chave nesse sentido é o desenvolvimento de sistemas explicáveis (XAI), onde os algoritmos são projetados para fornecer insights sobre seu funcionamento interno.

Isso permite aos usuários entenderem as razões por trás das decisões tomadas pela máquina.

No entanto, criar tais sistemas requer um equilíbrio delicado entre complexidade técnica e compreensibilidade humana.

Os modelos mais poderosos podem ser intrinsecamente difíceis de interpretar; portanto, pesquisadores estão trabalhando no desenvolvimento de técnicas que possam simplificar explicações sem sacrificar demais o desempenho do sistema.

Além disso, regulamentações como o "direito à explicação" do GDPR incentivam maior transparência ao exigir que organizações forneçam justificativas compreensíveis aos indivíduos afetados pelas decisões automatizadas.

Em última análise, enquanto as organizações buscam colher os benefícios da IA, elas devem também se comprometer com práticas responsáveis que respeitem a privacidade dos dados pessoais, combatam vieses injustificados e promovam transparência nas operações automatizadas.

Ao fazer isso, elas não apenas cumprem obrigações legais e éticas mas também fortalecem sua posição no mercado como líderes confiáveis na era digital.

Capítulo 5: Casos Reais de Sucesso com a Implementação de IA

Setores Beneficiados pela Implementação de IA

A implementação da inteligência artificial (IA) tem sido um divisor de águas em diversos setores da economia, transformando radicalmente a maneira como as empresas operam e entregam valor aos seus clientes.

No setor de saúde, por exemplo, a IA está revolucionando o diagnóstico e tratamento de doenças.

Algoritmos avançados são capazes de analisar imagens médicas com uma precisão que muitas vezes supera a dos especialistas humanos, permitindo identificar padrões que podem indicar a presença de condições como câncer em estágios iniciais.

Na indústria financeira, os sistemas baseados em IA estão sendo utilizados para detectar fraudes e realizar análises preditivas do mercado, além de personalizar serviços para os clientes com base em seus hábitos e preferências.

Bancos e instituições financeiras estão adotando chatbots inteligentes que oferecem atendimento ao cliente 24 horas por dia, fornecendo respostas rápidas e eficientes às consultas dos usuários.

O setor de varejo também está colhendo os frutos da IA. Através da análise preditiva, as empresas conseguem antecipar tendências de consumo e otimizar estoques.

Sistemas de recomendação personalizados melhoram a experiência de compra online ao sugerir produtos relevantes para cada consumidor com base em seu histórico de navegação e compras anteriores.

No campo da agricultura, a IA contribui para o aumento da produtividade através do monitoramento preciso das condições das lavouras utilizando drones equipados com sensores avançados.

Isso permite uma gestão mais eficiente dos recursos naturais e reduz o impacto ambiental das atividades agrícolas.

A indústria automobilística não fica atrás na adoção da IA. Com o desenvolvimento dos veículos autônomos, espera-se uma revolução na mobilidade urbana.

A tecnologia não apenas promete reduzir acidentes causados por erro humano mas também otimiza o tráfego nas cidades e diminui emissões poluentes.

Esses exemplos ilustram apenas uma fração do potencial disruptivo da IA nos diferentes setores econômicos.

À medida que essa tecnologia avança, novos casos de sucesso emergem constantemente, demonstrando sua capacidade inigualável de agregar valor aos negócios.

Melhoria na Experiência do Cliente através da IA

A experiência do cliente é um aspecto crítico para o sucesso empresarial no cenário competitivo atual.

A implementação da inteligência artificial tem se mostrado uma ferramenta poderosa para enriquecer essa experiência em múltiplas dimensões.

Um exemplo notável é o uso crescente dos assistentes virtuais ou chatbots no atendimento ao cliente.

Esses sistemas são capazes não só de responder perguntas frequentes mas também aprender com as interações passadas para fornecer respostas cada vez mais precisas e personalizadas.

Além disso, a análise comportamental impulsionada pela IA permite que as empresas compreendam melhor as necessidades individuais dos clientes e adaptem suas ofertas correspondentes.

Por exemplo, plataformas de streaming como Netflix utilizam algoritmos sofisticados para recomendar conteúdo que se alinha aos interesses específicos dos usuários com base em seu histórico de visualização.

Outro aspecto importante é a personalização das comunicações de marketing graças à segmentação avançada possibilitada pela IA.

As campanhas tornam-se mais efetivas quando mensagens são direcionadas especificamente para grupos ou indivíduos com maior probabilidade de resposta positiva às ofertas apresentadas.

Empresas líderes no ramo hoteleiro estão utilizando sistemas baseados em IA para oferecer serviços personalizados aos hóspedes antes mesmo do check-in.

Ao analisar dados sobre preferências passadas ou informações fornecidas durante a reserva online, hotéis podem preparar quartos conforme os gostos pessoais dos clientes ou sugerir atividades locais que possam ser do interesse destes.

Essa melhoria contínua na experiência do cliente não só aumenta a satisfação geral mas também fomenta lealdade à marca, um ativo valioso num mercado onde os consumidores têm à disposição opções quase ilimitadas.

Inovação Impulsionada pela Inteligência Artificial

A inteligência artificial é um motor potente para inovação em todas as esferas empresariais.

Empresas pioneiras estão utilizando essa tecnologia não apenas para automatizar tarefas rotineiras mas também para criar novos produtos e serviços que eram inimagináveis até poucos anos atrás.

Um exemplo emblemático dessa inovação é o desenvolvimento das interfaces cérebro-computador (BCIs), que permitem controlar dispositivos eletrônicos diretamente através do pensamento humano sem necessidade intervenção física convencional, algo particularmente revolucionário no campo das próteses robóticas ou no auxílio de pessoas com deficiências motoras graves.

Na área ambiental, startups estão empregando algoritmos inteligentes para monitorar mudanças climáticas globais ou otimizar sistemas de energia renovável como parques solares ou turbinas eólicas, contribuindo tanto para sustentabilidade quanto para a criação de novos modelos de negócio verdes rentáveis.

Capítulo 6: Preparando sua Equipe para Trabalhar com a IA

Treinamento Especializado em Inteligência Artificial

A inteligência artificial (IA) tem se tornado um componente essencial no cenário corporativo moderno, exigindo que as equipes estejam bem preparadas para integrar essa tecnologia em suas rotinas de trabalho.

O treinamento especializado em IA é fundamental para capacitar os profissionais a compreenderem e aplicarem efetivamente as ferramentas de IA disponíveis.

Este treinamento deve abranger desde conceitos básicos até aspectos avançados da tecnologia, incluindo aprendizado de máquina, processamento de linguagem natural e visão computacional.

Para começar, é importante que o treinamento seja desenhado para atender às necessidades específicas da empresa e do setor em que ela atua.

Por exemplo, uma organização financeira pode focar em algoritmos preditivos para análise de risco de crédito, enquanto uma empresa de varejo pode se concentrar na personalização da experiência do cliente através do uso de chatbots.

Além disso, o treinamento deve ser estruturado em diferentes níveis, permitindo que tanto iniciantes quanto profissionais experientes possam expandir seus conhecimentos.

Um aspecto crítico do treinamento especializado é a prática hands-on.

Através de laboratórios virtuais e projetos reais, os participantes podem experimentar diretamente com as ferramentas e técnicas da IA.

Isso não apenas solidifica o aprendizado teórico mas também ajuda a desenvolver habilidades práticas cruciais para resolver problemas complexos no ambiente corporativo.

Além das habilidades técnicas, o treinamento deve enfatizar a importância da ética na IA.

Compreender questões como viés algorítmico e privacidade dos dados é essencial para garantir que as soluções desenvolvidas sejam justas e não prejudiquem indivíduos ou grupos sociais.

Um exemplo notável dessa abordagem é o caso da IBM, que implementou um programa extensivo de educação em ética da IA para seus funcionários.

Desenvolvimento de Competências Digitais

O desenvolvimento contínuo das competências digitais é crucial para manter uma força de trabalho adaptável e inovadora na era digital.

As competências digitais vão além do simples conhecimento técnico; elas englobam a capacidade de colaborar virtualmente, analisar dados complexos e pensar criticamente sobre soluções tecnológicas.

Uma estratégia eficaz para promover competências digitais envolve criar programas internos que incentivem a aprendizagem contínua e o compartilhamento do conhecimento entre os colaboradores.

Por exemplo, empresas como a Google oferecem plataformas internas onde os funcionários podem acessar cursos online sobre diversos tópicos relacionados à tecnologia digital.

Outro elemento chave é fomentar uma mentalidade voltada ao lifelong learning (aprendizado ao longo da vida).

Isso significa encorajar os funcionários a buscar constantemente novos conhecimentos e habilidades relevantes à medida que emergem novas tecnologias.

Para isso, algumas organizações estabelecem parcerias com instituições educacionais ou plataformas online como

Coursera ou edX para fornecer acesso facilitado a cursos especializados.

Além disso, workshops interativos e hackathons são excelentes maneiras de estimular o pensamento inovador e aplicação prática das competências digitais.

Esses eventos permitem aos participantes trabalhar em equipe na resolução de problemas reais usando tecnologias digitais avançadas.

Cultura Organizacional Voltada para a Tecnologia

A cultura organizacional desempenha um papel vital na adoção bem sucedida das tecnologias emergentes como a IA.

Uma cultura voltada para a tecnologia não apenas apoia mas também incentiva a experimentação, inovação e adaptação contínua às mudanças no ambiente digital.

Para cultivar tal cultura organizacional, líderes devem demonstrar comprometimento com as iniciativas tecnológicas por meio do seu próprio comportamento, adotando novas ferramentas digitais nas suas atividades diárias e apoiando decisões baseadas em dados.

CEOs como Satya Nadella da Microsoft exemplificam essa liderança ao priorizar "uma mentalidade fixa no crescimento" dentro da empresa, encorajando todos os funcionários a aprenderem continuamente sobre novas tecnologias.

Além disso, políticas internas devem refletir valores orientados à inovação digital, por exemplo oferecendo tempo dedicado à pesquisa pessoal ou projetos paralelos relacionados à tecnologia (conhecidos como "20% projects" no Google).

Isso permite aos colaboradores explorarem novas ideias sem pressão imediata por resultados comerciais diretos.

Por fim, reconhecimento e recompensas são componentes importantes dessa cultura organizacional.

Celebrando sucessos individuais ou coletivos relacionados à implementação ou melhoria das soluções baseadas em IA reforça positivamente esses comportamentos dentro da empresa.

Em suma, preparar sua equipe para trabalhar com inteligência artificial requer um investimento significativo tanto no desenvolvimento individual quanto na construção coletiva das capacidades necessárias para prosperar neste novo paradigma tecnológico.

Capítulo 7: O Papel dos Líderes na Gestão de IA

Liderança e Cultura Organizacional

A liderança desempenha um papel fundamental na definição da cultura organizacional, especialmente em um contexto onde a inteligência artificial (IA) está remodelando as estruturas de trabalho.

Líderes eficazes são aqueles que conseguem criar uma cultura que não apenas aceita a IA, mas também se adapta e evolui com ela.

Isso envolve promover uma mentalidade de aprendizado contínuo e inovação entre os colaboradores.

Uma cultura organizacional que abraça a IA é caracterizada pela flexibilidade, abertura à mudança e pelo incentivo à experimentação.

Líderes devem encorajar equipes a explorar novas ideias e tecnologias, sem medo do fracasso.

A falha deve ser vista como uma oportunidade para aprender e crescer. Além disso, é essencial que haja transparência nas decisões relacionadas à IA, para que todos na organização entendam como essas ferramentas são utilizadas e quais são os impactos esperados.

Para cultivar tal ambiente, líderes precisam demonstrar competência digital e compreensão das capacidades da IA.

Eles devem estar preparados para responder perguntas sobre como a IA afetará o trabalho individual e coletivo, além de fornecer recursos para o desenvolvimento de habilidades necessárias nessa nova era.

Um exemplo prático dessa liderança pode ser observado na empresa Salesforce, onde o CEO Marc Benioff promoveu uma cultura de "Ohana", que significa família em havaiano.

Essa filosofia enfatiza valores como confiança, cuidado mútuo e responsabilidade coletiva: elementos cruciais quando se introduz tecnologias disruptivas como a IA no local de trabalho.

Valorizando Habilidades Humanas e Capacidades das Máquinas

A valorização conjunta das habilidades humanas e das capacidades das máquinas é vital para o sucesso no uso da inteligência artificial nas organizações.

Enquanto as máquinas podem processar dados em velocidade e escala incomparáveis aos humanos, elas ainda carecem da criatividade, empatia e julgamento moral que caracterizam o pensamento humano.

Líderes devem reconhecer as forças únicas dos seus colaboradores humanos, tais como a capacidade de resolver problemas complexos através do pensamento crítico ou construir relacionamentos interpessoais profundos, enquanto aproveitam as vantagens oferecidas pelas máquinas em termos de eficiência operacional e análise preditiva.

Um exemplo notável dessa sinergia pode ser encontrado na área da saúde com o Watson for Oncology da IBM. O sistema utiliza IA para ajudar médicos a identificar tratamentos personalizados para pacientes com câncer baseando-se em vastas quantidades de dados médicos.

No entanto, são os oncologistas humanos quem fazem as escolhas finais do tratamento levando em conta não apenas os dados analisados pela máquina mas também aspectos psicológicos e sociais dos pacientes.

Estratégias de Liderança para a Gestão Efetiva da IA

Para gerir eficazmente a inteligência artificial dentro das organizações, líderes precisam adotar estratégias específicas alinhadas com os objetivos empresariais globais.

Uma dessas estratégias envolve estabelecer uma visão clara do papel da IA na empresa: isso inclui definir metas específicas para sua implementação bem como métricas claras para avaliar seu sucesso.

Outro aspecto importante é garantir que exista governança adequada ao redor das iniciativas de IA.

Isso significa estabelecer políticas claras sobre privacidade dos dados, ética no uso da IA (incluindo viés algorítmico) e conformidade legal.

A criação de um comitê multidisciplinar dedicado à supervisão desses aspectos pode ser uma medida eficaz.

Além disso, líderes devem investir no desenvolvimento profissional contínuo dos seus colaboradores para garantir que eles possam trabalhar lado a lado com soluções baseadas em IA.

Isso pode incluir treinamentos especializados em ciência de dados ou cursos sobre ética na tecnologia.

Um caso exemplar dessa abordagem estratégica é evidenciado pela Google Cloud's AI Principles initiative (Iniciativa Princípios AI do Google Cloud), onde foram estabelecidos princípios orientadores claros sobre o desenvolvimento responsável da IA dentro da empresa, desde evitar criar ou reforçar viés injusto até ser construído socialmente benéfico.

Em resumo, líderes têm um papel crucial não só na adoção técnica da inteligência artificial mas também na modelagem cultural necessária para integrá-la às práticas empresariais existentes.
Ao valorizar tanto as habilidades humanas quanto as capacidades das máquinas, enquanto implementam estratégias sólidas, eles podem posicionar suas organizações na vanguarda da inovação sustentável impulsionada pela IA.

Capítulo 8: Navegando pela Transformação Digital com a IA

Entendendo a Transformação Digital

A transformação digital é um fenômeno que tem redefinido o modo como as empresas operam e interagem com seus clientes.

Trata-se de uma mudança estrutural nas organizações, impulsionada pela adoção de tecnologias digitais para melhorar o desempenho, aumentar o alcance e garantir melhores resultados.

No entanto, entender a transformação digital vai além da simples implementação de novas ferramentas; ela envolve uma reavaliação completa dos processos empresariais, modelos de negócio e cultura organizacional.

As empresas que navegam com sucesso pela transformação digital geralmente começam por identificar áreas onde a tecnologia pode trazer maior valor agregado.

Isso pode incluir a automação de processos manuais para aumentar a eficiência, o uso de dados para tomar decisões mais informadas ou a criação de novos canais digitais para se conectar com os clientes.

Um exemplo notável é o do setor bancário, onde instituições tradicionais têm enfrentado concorrência crescente de fintechs ágeis e inovadoras que oferecem serviços financeiros exclusivamente digitais.

Além disso, a transformação digital exige liderança visionária capaz de promover uma cultura que abrace as mudanças e incentive a inovação contínua.

A capacitação dos funcionários também é crucial; eles precisam ser treinados não apenas no uso das novas tecnologias, mas também na adaptação às novas formas de trabalho que elas possibilitam.

Um aspecto frequentemente subestimado da transformação digital é sua natureza disruptiva.

Empresas estabelecidas podem encontrar resistência interna à mudança ou dificuldade em abandonar práticas antigas que já não são mais eficientes.

Por isso, é essencial adotar uma abordagem gradual e inclusiva, garantindo que todos os níveis da organização estejam alinhados com os objetivos da transformação.

A IA como Ferramenta de Transformação Digital

A inteligência artificial (IA) está no centro da transformação digital moderna.

Como ferramenta poderosa, ela permite às empresas analisar grandes volumes de dados rapidamente, automatizar tarefas complexas e fornecer insights profundos sobre comportamentos dos consumidores.

A IA pode ser aplicada em diversas áreas dentro das organizações: desde chatbots melhorando o atendimento ao cliente até algoritmos avançados otimizando cadeias logísticas.

Um exemplo ilustrativo do impacto da IA na transformação digital é sua aplicabilidade no varejo online.

Algoritmos preditivos podem recomendar produtos aos consumidores com base em seu histórico de compras e preferências pessoais, aumentando significativamente as taxas de conversão e fidelização do cliente.

No entanto, implementar IA não é sem desafios. As questões éticas relacionadas à privacidade dos dados e ao viés algorítmico devem ser cuidadosamente consideradas para evitar repercussões negativas tanto para os usuários quanto para as marcas.

Além disso, há um requisito técnico substancial: as organizações precisam ter infraestrutura adequada para suportar soluções baseadas em IA e equipes qualificadas capazes de desenvolver e gerenciar esses sistemas.

Para maximizar os benefícios da IA na transformação digital, as empresas devem adotar uma abordagem holística que integre essa tecnologia aos seus processos existentes de maneira ética e transparente.

Isso inclui estabelecer políticas claras sobre o uso dos dados coletados através das soluções baseadas em IA e garantir que haja transparência nas decisões automatizadas tomadas por esses sistemas.

Melhores Práticas Internacionais em Transformação Digital

Adotar melhores práticas internacionais é fundamental para qualquer empresa buscando realizar uma transformação digital bem-sucedida.

Uma dessas práticas recomendadas internacionalmente é seguir padrões como ISO 42001 para gestão responsável da inteligência artificial dentro das organizações.

Esses padrões ajudam a garantir que as iniciativas baseadas em IA sejam conduzidas com considerações éticas adequadas e governança sólida.

Outra prática importante envolve foco contínuo na experiência do cliente (CX).

Empresas líderes estão utilizando análises avançadas alimentadas por IA para personalizar interações com clientes em tempo real, algo visto claramente no sucesso das plataformas digitais como Netflix ou Amazon Prime

Video, criando experiências altamente adaptáveis às preferências individuais dos usuários.

Além disso, colaborações entre indústrias têm sido fundamentais nas melhores práticas internacionais em transformação digital.

Parcerias estratégicas entre diferentes setores podem acelerar inovação ao compartilhar conhecimento especializado, por exemplo, parcerias entre empresas automobilísticas tradicionais e startups focadas em veículos autônomos estão moldando o futuro do transporte pessoal.

Finalmente, investir na capacitação dos funcionários é outra melhor prática reconhecida globalmente.

À medida que máquinas assumem tarefas repetitivas ou perigosas graças à automação impulsionada pela IA, trabalhadores humanos devem ser treinados para assumir papéis mais estratégicos onde julgamento humano continua sendo insubstituível, um movimento evidente nos esforços recentes do setor financeiro em requalificar sua força laboral frente às mudanças trazidas pelas fintechs.

Capítulo 9: Tomada de Decisões Informadas sobre Investimentos em IA

Avaliando o potencial disruptivo da IA

A inteligência artificial (IA) tem se mostrado uma força transformadora em diversos setores da economia, redefinindo a maneira como as empresas operam e entregam valor aos seus clientes.

Avaliar o potencial disruptivo da IA é um passo crucial para as organizações que desejam não apenas sobreviver, mas prosperar na era digital.

Para compreender a magnitude do impacto que a IA pode ter em um negócio, é necessário analisar tanto os aspectos técnicos quanto os estratégicos.

Do ponto de vista técnico, deve-se considerar a maturidade das tecnologias de IA disponíveis e sua aplicabilidade aos processos internos da empresa.

Isso envolve entender as capacidades atuais de aprendizado de máquina, processamento de linguagem natural, visão computacional e outras áreas relevantes para o negócio.

No entanto, o verdadeiro potencial disruptivo da IA vai além das capacidades técnicas.

É preciso avaliar como essas tecnologias podem alterar modelos de negócios existentes, criar novos mercados ou extinguir demandas por produtos ou serviços tradicionais.

Empresas como a Netflix e a Amazon são exemplos clássicos de como a utilização estratégica da IA pode transformar indústrias inteiras ao personalizar recomendações para usuários e otimizar cadeias logísticas.

Além disso, é fundamental considerar os impactos éticos e sociais do uso da IA.

Questões como viés algorítmico e privacidade dos dados devem ser cuidadosamente examinadas para evitar repercussões negativas que possam prejudicar a reputação da empresa ou resultar em litígios legais.

As organizações devem também estar atentas às mudanças regulatórias relacionadas à IA.

A União Europeia, por exemplo, está trabalhando em regulamentações específicas para garantir que sistemas de IA sejam confiáveis e seguros.

Essa tendência regulatória pode influenciar significativamente as estratégias empresariais relacionadas à adoção de tecnologias inteligentes.

Planejamento estratégico para investimentos em IA

Investir em inteligência artificial requer um planejamento estratégico cuidadoso que alinhe as iniciativas de IA com os objetivos gerais do negócio.

O primeiro passo nesse processo é definir uma visão clara do papel que a IA desempenhará na organização.

Isso inclui identificar áreas onde a automação ou análise avançada poderiam trazer ganhos significativos em eficiência ou inovação.

Uma vez estabelecida essa visão, é necessário realizar uma análise detalhada dos recursos existentes, tanto humanos quanto tecnológicos, para determinar quais lacunas precisam ser preenchidas antes que os investimentos em IA possam ser efetivamente realizados.

Tal análise deve levar em conta não apenas as competências técnicas necessárias mas também habilidades complementares como gestão de mudança e liderança adaptativa.

O planejamento estratégico também deve incluir uma avaliação rigorosa dos riscos associados aos investimentos em IA.

Estes riscos podem variar desde falhas técnicas até resistência organizacional à mudança.

Estratégias robustas de gestão de risco devem ser desenvolvidas para mitigar esses fatores potenciais adversos.

Um componente crítico no planejamento estratégico é o estabelecimento de parcerias com fornecedores externos ou instituições acadêmicas especializadas em IA.

Tais parcerias podem acelerar o desenvolvimento interno das competências necessárias e proporcionar acesso a insights inovadores sobre aplicações emergentes da tecnologia.

Medindo o retorno sobre investimento (ROI) da IA

Determinar o retorno sobre investimento (ROI) dos projetos de inteligência artificial é complexo mas essencial para justificar os custos associados à implementação dessas soluções avançadas.

O ROI deve levar em conta não apenas benefícios financeiros diretos mas também melhorias qualitativas nos processos empresariais e na satisfação do cliente.

Para medir adequadamente o ROI da IA, as empresas precisam estabelecer métricas claras antes mesmo do início dos projetos.

Essas métricas podem incluir redução no tempo necessário para executar certas tarefas, aumento nas taxas de conversão graças à personalização baseada em dados ou diminuição nos custos operacionais decorrentes da automação.

Um exemplo prático dessa medição pode ser observado no setor bancário onde chatbots alimentados por AI têm sido usados para lidar com consultas básicas ao cliente liberando funcionários humanos para tarefas mais complexas e geradoras de valor agregado.

Este tipo de aplicação pode resultar numa melhoria tangível na eficiência operacional cujo impacto financeiro positivo pode ser quantificado através do ROI calculado após implementação desses sistemas inteligentes.

Além disso é importante reconhecer que alguns benefícios proporcionados pela AI são mais difíceis mensurar imediatamente pois envolvem ganhos intangíveis como fortalecimento da marca, e maior lealdade dos clientes.

No entanto mesmo esses aspectos menos tangíveis devem ser considerados como parte integral do cálculo geral, pois contribuem significativamente no sucesso de longo prazo de uma empresa.

Em suma, medir retorno sobre investimento de projetos de inteligência artificial exige abordagem holística, capaz de capturar um espectro completo de vantagens e desvantagens associadas a essa poderosa ferramenta digital.

Ao fazer isso, as organizações estarão melhor posicionadas para validar suas decisões estratégicas, maximizar o valor obtido a partir de suas iniciativas nessa área promissora.

Capítulo 10: Gerenciando a Inteligência Artificial Efetivamente no seu Negócio

Implementando sistemas de gestão responsáveis pela governança da IA

A implementação de sistemas de gestão responsáveis pela governança da inteligência artificial (IA) é um passo crucial para assegurar que o uso dessa tecnologia esteja alinhado com os valores éticos, legais e operacionais das organizações.

A norma ISO 42001 surge como uma referência internacional, estabelecendo diretrizes claras para a criação de um framework robusto que possa guiar as empresas na adoção responsável da IA.

Para começar, é essencial que as organizações desenvolvam políticas internas específicas para a IA, que abordem desde a privacidade dos dados até questões de viés e transparência.

Essas políticas devem ser comunicadas claramente a todos os colaboradores e partes interessadas, garantindo que haja uma compreensão uniforme dos princípios que regem o uso da IA na empresa.

Além disso, é importante estabelecer mecanismos de controle e auditoria contínua para monitorar o funcionamento dos sistemas baseados em IA.

Isso inclui a verificação regular do cumprimento das normativas legais e éticas, bem como a avaliação do impacto desses sistemas nas operações empresariais e nos indivíduos afetados por suas decisões.

Um aspecto fundamental na gestão responsável da IA é a formação de equipes multidisciplinares, compostas por especialistas em tecnologia, juristas, filósofos e sociólogos.

Esses grupos são encarregados de analisar os desafios éticos associados à IA e propor soluções inovadoras que respeitem os direitos humanos e promovam uma sociedade mais justa.

Empresas líderes no setor tecnológico já estão adotando práticas exemplares nesse sentido.

Por exemplo, algumas têm criado cargos executivos dedicados exclusivamente à ética em IA ou estabelecido conselhos consultivos externos para fornecer perspectivas diversas sobre o desenvolvimento e implementação dessas tecnologias.

Integrando a IA aos processos empresariais existentes

A integração eficaz da inteligência artificial aos processos empresariais existentes requer uma abordagem estratégica que considere tanto as capacidades técnicas quanto as implicações organizacionais dessa mudança.

O primeiro passo envolve identificar áreas dentro da empresa onde a aplicação da IA pode trazer benefícios significativos, seja aumentando a eficiência operacional, melhorando o atendimento ao cliente ou impulsionando inovações em produtos ou serviços.

Uma vez identificadas essas áreas-chave, é necessário realizar um mapeamento detalhado dos processos atuais para entender como eles podem ser otimizados com o auxílio da IA.

Isso pode envolver desde simples automações até transformações profundas na maneira como certas tarefas são realizadas.

É crucial também considerar o impacto humano dessa integração.

A capacitação dos colaboradores deve ser priorizada para garantir que eles possam trabalhar lado a lado com soluções baseadas em IA.

Programas de treinamento especializado são fundamentais para desenvolver competências digitais e promover uma cultura organizacional adaptativa às novas tecnologias.

Exemplos reais demonstram o sucesso dessa integração quando feita corretamente.

Empresas do setor financeiro têm utilizado chatbots alimentados por IA para oferecer suporte ao cliente 24/7, enquanto indústrias manufatureiras empregam sistemas preditivos baseados em machine learning para antecipar falhas em equipamentos antes mesmo que elas ocorram.

Monitoramento e avaliação do desempenho da IA

O monitoramento contínuo e a avaliação do desempenho dos sistemas baseados em inteligência artificial são vitais não apenas para garantir sua eficácia operacional mas também para manter sua conformidade com padrões éticos e regulatórios.

Para isso, indicadores chave de desempenho (KPIs) específicos devem ser definidos com base nos objetivos estratégicos da organização relacionados à implementação da IA.

Esses KPIs podem incluir métricas relacionadas à precisão das previsões ou recomendações geradas pela IA, tempo economizado através da automação de tarefas rotineiras ou melhorias na satisfação do cliente graças à personalização proporcionada por algoritmos inteligentes.

Além disso, é fundamental realizar testes periódicos nos modelos de aprendizado de máquina utilizados pela empresa para detectar qualquer viés indesejado ou erro sistemático que possa comprometer os resultados finais ou causar danos inadvertidos aos usuários finais ou grupos minoritários.

Empresas pioneiras nessa área estão utilizando dashboards interativos e ferramentas avançadas de visualização de dados para acompanhar em tempo real o desempenho dos seus sistemas baseados em IA.

Isso permite que intervenções rápidas quando necessário sejam realizadas, e facilita a comunicação transparente sobre o funcionamento desses sistemas tanto internamente quanto com clientes e reguladores.

Em suma, gerenciar efetivamente a inteligência artificial dentro das organizações exige um compromisso contínuo com princípios éticos sólidos; uma estratégia bem pensada para integrá-la aos processos existentes; além do monitoramento constante do seu desempenho visando ajustes pró-ativos conforme necessário.

Ao seguir esses passos cuidadosamente delineados pelas diretrizes internacionais como a ISO 42001, as empresas estarão melhor equipadas para aproveitar todo o potencial disruptivo oferecido pela AI enquanto mitigam riscos associados ao seu uso indevido ou irresponsável.

Capítulo 11: Preparando-se para o Futuro Corporativo Inteligente com a ISO42001

O papel da ISO42001 na preparação para o futuro corporativo inteligente

A norma ISO 42001 surge como um farol orientador em meio à revolução tecnológica impulsionada pela inteligência artificial (IA).

No contexto de um futuro corporativo inteligente, onde a IA se torna cada vez mais integrada às operações empresariais, a ISO 42001 desempenha um papel crucial ao estabelecer diretrizes claras e estruturadas para a governança dessa tecnologia.

A norma não apenas delineia os requisitos para sistemas de gestão responsáveis pela IA, mas também enfatiza a importância da ética, legalidade e operacionalidade no uso dessas ferramentas avançadas.

À medida que as organizações buscam inovar e manter-se competitivas, elas enfrentam o desafio de adotar novas tecnologias de forma responsável.

A implementação da IA pode levar a melhorias significativas em eficiência e produtividade, mas também traz consigo questões complexas relacionadas à privacidade dos dados, viés algorítmico e transparência nas decisões automatizadas.

A ISO 42001 fornece uma estrutura que ajuda as empresas a abordar esses desafios sistematicamente, garantindo que os benefícios da IA sejam maximizados enquanto os riscos são minimizados.

Além disso, a norma incentiva uma cultura organizacional que valoriza tanto as habilidades humanas quanto as capacidades das máquinas.

Isso é fundamental para preparar equipes para trabalhar lado a lado com soluções baseadas em IA.

O desenvolvimento de competências digitais e treinamento especializado são aspectos abordados pela ISO 42001, reconhecendo que o capital humano é essencial na era digital.

A adoção da ISO 42001 permite às organizações anteciparem tendências do mercado e adaptarem-se rapidamente às mudanças tecnológicas.

Ao seguir essa norma internacionalmente reconhecida, as empresas podem demonstrar seu compromisso com práticas sustentáveis e socialmente responsáveis no uso da IA.

Isso não só fortalece sua reputação perante clientes e parceiros comerciais mas também estabelece uma base sólida para inovação contínua.

Benefícios da implementação da ISO42001 nas organizações

Implementar a norma ISO 42001 traz uma série de benefícios tangíveis para as organizações que vão além do simples cumprimento regulatório ou padrões éticos.

Um dos principais benefícios é o aumento da confiança dos stakeholders na maneira como a empresa gerencia suas iniciativas de IA.

Com processos transparentes e responsáveis, as organizações podem construir uma relação mais forte com clientes, investidores e reguladores.

Outro benefício significativo é o potencial de otimização das operações internas.

A aplicação das diretrizes da ISO 42001 pode levar à identificação de ineficiências nos processos existentes e ao desenvolvimento de soluções automatizadas que economizam tempo e recursos.

Além disso, ao integrar considerações éticas desde o início do design até a implementação dos sistemas de IA, as

empresas podem evitar problemas futuros relacionados ao viés algorítmico ou falhas na segurança dos dados.
A adoção dessa norma também estimula a inovação dentro das organizações ao encorajar uma mentalidade voltada para o futuro digital.

As empresas tornam-se mais ágeis na experimentação com novas aplicações de IA enquanto mantêm um quadro robusto para avaliar riscos associados.

Isso pode resultar em produtos ou serviços diferenciados que oferecem vantagens competitivas no mercado.

Além disso, há um impacto positivo sobre a cultura organizacional quando se implementa a ISO 42001: ela promove uma maior colaboração entre departamentos diferentes como TI, Jurídico e Operações, pois todos precisam trabalhar juntos para garantir conformidade com os padrões estabelecidos pela norma.

Esse esforço conjunto facilita o compartilhamento de conhecimento interno e fomenta um ambiente onde aprendizado contínuo é valorizado.

Passos para implementar a ISO42001

A implementação bem-sucedida da ISO 42001 requer planejamento cuidadoso e execução metódica por parte das organizações interessadas em adotá-la como parte do seu sistema de gestão corporativa inteligente.

O primeiro passo envolve compreender profundamente os requisitos específicos da norma; isso geralmente começa com sessões informativas destinadas aos líderes empresariais responsáveis pela tomada de decisão estratégica sobre investimentos em tecnologia.

Após essa fase inicial educativa vem o diagnóstico detalhado dos sistemas atuais utilizados pela empresa, avaliando onde eles estão alinhados ou divergem das diretrizes propostas pela ISO 42001.

Essa análise crítica permite identificar lacunas existentes entre práticas correntes e melhores práticas sugeridas pela norma internacional.

Compreendidas essas lacunas, deve-se elaborar um plano detalhado que inclua objetivos claros para alcançar conformidade com os padrões estabelecidos pela ISO 42001; esse plano deve ser acompanhado por cronogramas realistas e atribuição precisa das responsabilidades entre membros-chave da equipe envolvida no processo.

Um elemento vital nesse processo é garantir treinamento adequado aos funcionários em todos os níveis hierárquicos, desde executivos até técnicos, sobre princípios fundamentais relacionados à gestão eficaz da IA conforme preconizado pela norma.

Isso inclui não apenas aspectos técnicos mas também considerações éticas intrínsecas ao uso dessas tecnologias avançadas.

Finalmente, após implementação das mudanças necessárias conforme planejado inicialmente no projeto, deve-se realizar auditorias internas regulares visando verificar continuamente se todas as atividades estão alinhadas com os requisitos estipulados pela ISO 42001; isso garante a manutenção constante do alto padrão exigido pelo sistema certificador internacionalmente reconhecido.

Capítulo 12: Implementando a IA de forma Ética e Responsável

Princípios éticos na implementação da IA

A implementação de Inteligência Artificial (IA) em qualquer contexto deve ser pautada por princípios éticos sólidos, que garantam não apenas a eficiência e inovação, mas também o respeito aos direitos humanos e à dignidade individual.

A ética na IA abrange uma série de considerações que vão desde a transparência e explicabilidade dos algoritmos até a justiça e equidade nas decisões automatizadas.

Um dos principais desafios é o desenvolvimento de sistemas de IA que sejam livres de viéses discriminatórios.

Isso requer um esforço consciente no design dos algoritmos para assegurar que eles não perpetuem preconceitos existentes na sociedade.

Por exemplo, ferramentas de recrutamento baseadas em IA devem ser programadas para avaliar candidatos com base em critérios objetivos, evitando discriminação por gênero, raça ou idade.

Além disso, a privacidade dos dados é uma preocupação crescente.

Com a capacidade da IA de processar grandes volumes de informações pessoais, torna-se imperativo estabelecer mecanismos robustos para proteger esses dados contra acessos não autorizados e usos indevidos.

Empresas como a Apple têm investido em tecnologias como aprendizado federado (federated learning), que permite melhorar os modelos de IA sem necessariamente centralizar os dados pessoais dos usuários.

Outro aspecto importante é a transparência das decisões tomadas por sistemas autônomos.

Em contextos críticos como diagnóstico médico ou crédito financeiro, é fundamental que os usuários possam entender como as conclusões foram alcançadas.

Iniciativas como o projeto "AI Explainability 360" da IBM buscam fornecer ferramentas open-source que ajudam desenvolvedores e usuários finais a compreenderem melhor as saídas geradas pelos modelos de IA.

Considerações legais e regulatórias na implementação da IA

No tocante às considerações legais e regulatórias, há um esforço global para criar frameworks jurídicos que acompanhem o ritmo acelerado do desenvolvimento da IA.

A União Europeia tem sido pioneira nesse sentido com propostas como o Regulamento Geral sobre a Proteção de

Dados (GDPR), que impõe regras estritas sobre coleta, armazenamento e processamento de dados pessoais.

Adicionalmente, está sendo discutido no bloco europeu um novo conjunto regulatório específico para IA, visando estabelecer padrões obrigatórios para sistemas confiáveis e seguros.

Este marco legal pretende categorizar aplicações de IA com base no risco potencial associado ao seu uso, exigindo maior rigor na conformidade das aplicações consideradas "de alto risco".

Nos Estados Unidos, ainda não existe uma legislação federal abrangente sobre IA; contudo, estados como Califórnia têm avançado com suas próprias leis relacionadas à privacidade digital e transparência algorítmica.

Além disso, agências federais como a Federal Trade Commission (FTC) começaram a aplicar leis existentes contra práticas comerciais enganosas ou injustas às empresas que utilizam tecnologias emergentes incluindo IA.

Responsabilidade social na utilização da IA

A responsabilidade social corporativa ganha novas dimensões quando se trata do uso da inteligência artificial.

As empresas devem reconhecer seu papel não apenas perante os acionistas mas também frente à sociedade em geral ao adotarem tecnologias disruptivas.

Um exemplo notável dessa responsabilidade foi demonstrado pela Microsoft ao lançar sua iniciativa "AI for Good", um programa destinado a empregar AI para resolver desafios sociais importantes como saúde pública global e sustentabilidade ambiental.

Projetos sob esse programa incluem o "AI for Earth", que utiliza machine learning para monitorar mudanças climáticas e promover práticas agrícolas mais sustentáveis.

Além disso, há uma crescente consciência sobre o impacto do treinamento intensivo em dados dos modelos de deep learning no meio ambiente, algo frequentemente negligenciado nas discussões sobre responsabilidade social na utilização da IA.

Estudos recentes indicam que o consumo energético necessário para treinar alguns modelos pode ser equivalente à emissão anual de carbono de cinco carros nos EUA.

Por fim, é crucial mencionar o papel educacional das organizações ao promoverem uma compreensão mais ampla sobre IA entre seus funcionários e clientes.

Programas educacionais podem ajudar a mitigar medos infundados relacionados à automação enquanto capacitam indivíduos com habilidades relevantes para prosperarem na era digital, um investimento tanto no capital humano quanto no tecido social mais amplo onde as empresas operam.

"ISO 42001 e a Importância da Gestão de Inteligência Artificial" é um livro que se debruça sobre a relevância crescente da inteligência artificial (IA) no cenário empresarial contemporâneo. A obra destaca a norma ISO 42001 como um marco regulatório essencial para a implementação responsável e ética da IA nas organizações, oferecendo um guia prático para líderes e gestores.

O livro aborda as diversas facetas envolvidas na adoção da IA, desde as implicações éticas e legais até os desafios operacionais. Discute-se como superar obstáculos comuns, tais como questões de privacidade de dados, viés algorítmico e falta de transparência em decisões automatizadas. Além disso, são apresentados casos reais que exemplificam o uso bem-sucedido da IA em diferentes setores para otimizar operações e fomentar inovação.

Um ponto central do livro é a integração da IA aos processos empresariais existentes, ressaltando estratégias eficazes para essa incorporação. O autor também enfatiza a importância do desenvolvimento de competências digitais nas equipes e o papel dos líderes na promoção de uma cultura organizacional que valorize tanto as habilidades humanas quanto as capacidades das máquinas.

Por fim, "ISO 42001 e a Importância da Gestão de Inteligência Artificial" serve como um recurso valioso para profissionais que buscam compreender melhor o potencial disruptivo da IA e como gerenciá-la efetivamente dentro das empresas. O livro promete ser um guia indispensável para navegar com sucesso pela transformação digital, equipando os leitores com conhecimento prático alinhado às melhores práticas internacionais no campo da inteligência artificial.

www.ingramcontent.com/pod-product-compliance
Ingram Content Group UK Ltd.
Pitfield, Milton Keynes, MK11 3LW, UK
UKHW021938190726
13853UKWH00004B/1530

9 786500 987218